SERGE ALIBERT

Iniciación al "bricolage" de muebles complementarios

Dibujos: Joël Bordier

EDITORIAL EVEREST, S. A.

MADRID • LEON • BARCELONA • SEVILLA • GRANADA • VALENCIA
ZARAGOZA • LAS PALMAS DE GRAN CANARIA • LA CORUÑA
PALMA DE MALLORCA • ALICANTE — MEXICO • BUENOS AIRES

INTRODUCCIÓN

La elección y disposición de los *muebles complementarios* de todo tipo, tiene importancia en la decoración de un interior. En realidad, es en esa elección donde reside todo el arreglo de una habitación, todo su estilo, toda su atmósfera. La mayoría de la gente deja ese asunto en manos de los especialistas, perdiendo por ello la ocasión de poder explorar las ideas de decoración personales que los locales vacíos les habían inspirado.

El presente libro tiene por objeto ayudarle a elegir y realizar por sí mismo el mueble que mejor le convenga y mejor se adapte a la pieza que está acondicionando, el más práctico, el más sencillo de ejecutar, el menos oneroso y, por supuesto, el más bello.

Si las explicaciones dadas sobre las obras de carpintería le parecen demasiado rápidas, consulte el manual de carpintería editado en esta misma colección (*), en el que encontrará todos los consejos necesarios con el fin de hacer de usted un perfecto carpintero.

Así pues, tomemos como punto de partida que le gusta el bricolaje... Por consiguiente, los modelos que presentamos no son demasiado difíciles a realizar. A medida que pasan las páginas, le presentaremos a usted una serie de muebles que van del más sencillo al más complejo y le dará opción a elegir según el espacio de que disponga, las capacidades de su bolsillo o su gusto personal, así como las posibilidades de su talento de aficionado.

Les recomiendo con insistencia calcular cuidadosamente las dimensiones exactas del espacio previsto para el mueble. Es quizás útil hacer un plano de su apartamento, con el fin de coordinar lo mejor posible el acondicionamiento de los espacios que servirán para colocar objetos.

Un último consejo para terminar... Tenga una visión amplia. Uno imagina difícilmente con exactitud el volumen necesario para colocar todo lo que tiene. Por otro lado, es necesario prever para el futuro... ¡Nunca tendrá suficientes muebles para colocarlo todo!

(*) *Iniciación a la carpintería,* de René Hiller (EVEREST).

CONTINENTE Y CONTENIDO

Gracias a algunas de estas dimensiones-tipo, se hará usted una idea del espacio necesario para su armario ropero.

La elección del material es un momento esencial de la fabricación de un mueble, conjuntamente con la elección del volumen, forma y destino final.

Ante todo es necesario hacer un rápido inventario de lo que quiere colocar, calculando el volumen total de cada serie de objetos gracias a su número y sus dimensiones. En cada croquis le presentamos las principales dimensiones de los objetos corrientes. Completando esta lista y sumando todos esos volúmenes, se podrá hacer una idea más justa del espacio que necesita para la colocación de los diversos objetos.

No se aconseja intentar ganar espacio superdimensionando los armarios, particularmente en profundidad. En efecto, se hace difícil alcanzar los objetos situados detrás de una pila de sábanas o de camisas, como ha podido darse cuenta al utilizar uno de esos viejos armarios provincianos que tanto apreciaban nuestras abuelas.

Antes de iniciar las obras, pida a sus amigos que le hablen de la calidad y de los defectos de sus muebles destinados a colocar objetos. Pregúnteles igualmente lo que les falta: encontrará así ideas que no le habían venido anteriormente a la mente. Así, casi siempre uno se olvida de acondicionar un espacio para los productos de limpieza, las escobas y el aspirador, lo que obliga a encontrarles un lugar que no es ni práctico ni estético en el cuarto de baño o en el armario ropero.

Cuanto más pequeño sea su apartamento, más urgencia tiene el uso de muebles de colocación originales, además de los habituales armarios y estanterías. Con el fin de no dar la impresión de sobrecarga, deberá entonces utilizar materiales diversos.

Los aficionados al bricolaje tienen más tendencia a utilizar la madera y sus derivados. Se obtienen fácilmente buenos resultados, sin que sea para ello necesario un conocimiento importante. El precio de los muebles realizados en madera nunca es demasiado elevado, y, además, algo que es ventajoso, dicho material puede ser utilizado en los apartamentos, ya que la madera es mucho menos sucia que la mampostería.

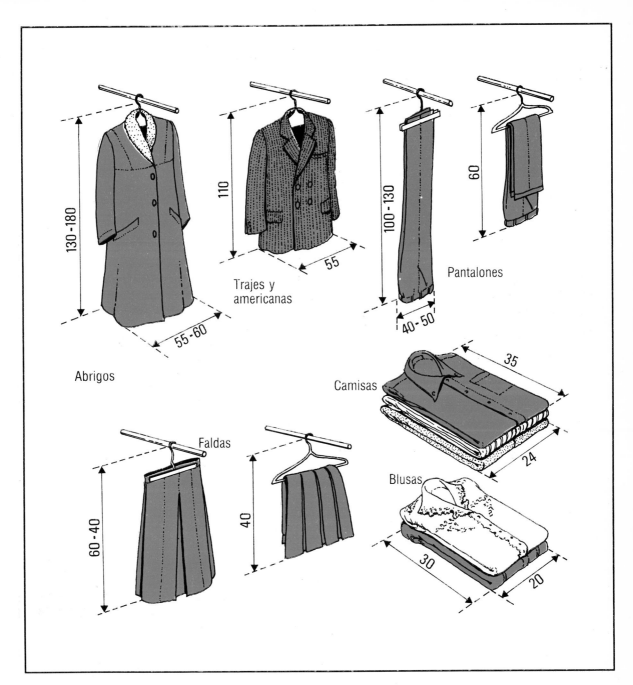

130 - 180

55 - 60

Abrigos

110

55

Trajes y americanas

100 - 130

40 - 50

Pantalones

60

35

24

Camisas

60 - 40

Faldas

40

Blusas

30

20

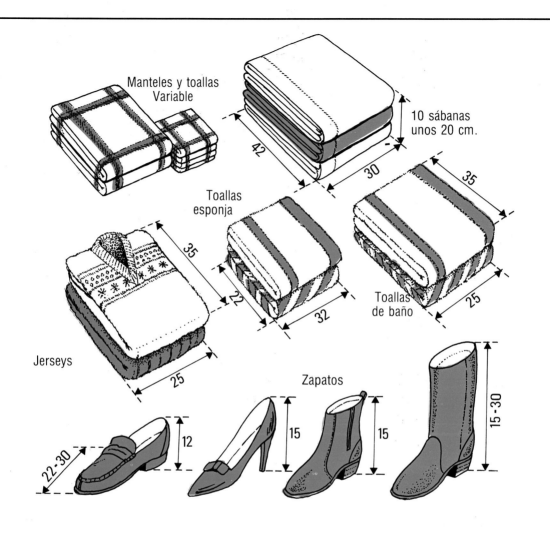

Manteles y toallas
Variable

10 sábanas
unos 20 cm.

42

30

35

Toallas
esponja

35

22

32

Toallas
de baño

25

Jerseys

25

Zapatos

22-30

12

15

15

15 - 30

Esa técnica permite realizar interesantes *espacios de coloca-ción,* integrados en la arquitectura de la habitación: costados de tabiques, fondos...

Utilizando ladrillos o mampostería pintada, con revestimiento o enlosado, pueden crearse espacios para colocación de estilo rústico o nórdico, adaptados particularmente a las cocinas, cuartos de baño, salas de estar. En el manual de la albañilería editado en esta misma colección (*), encontrará todas las técnicas necesarias para la realización de paredes de ladrillos.

Un nuevo material se emplea desde hace poco por los adolescentes y hogares de jóvenes. Siguiendo una moda llegada de Estados Unidos, utilizan estanterías de metal con muchos agujeros, compradas en el mercado por metros. Las barras se montan entonces y se desmontan con gran facilidad, según el principio del «Mecano».

De la misma forma pueden utilizarse tubos del tipo «almacenaje» uniéndolos por los nudos de unión. Los andamiajes así realizados se asociarán a placas de hierro laminado perforadas, planchas o paneles de madera o sus derivados (aglomerado, contrachapado). Para ese mismo uso pueden utilizarse materiales de recuperación encontrados en las obras o, por supuesto, todo tipo de materias plásticas o estanterías de hierro laminado.

No es difícil montar estantes unos sobre otros o unirlos con elementos de metal.

LA ELECCIÓN DEL MATERIAL

A) Madera maciza

La madera y sus derivados siguen siendo los materiales más fácilmente utilizables.

Empleada en la ebanistería, su manejo exige cierto dominio, tiempo, herramientas. Sin embargo, permite la realización de muebles de gran calidad.

Sigue siendo posible el empleo de la madera maciza para las fachadas de los muebles sirviéndose además de paneles industrializados, ya que el armazón del mueble y de las estanterías puede estar constituido por montantes y traviesas de madera maciza.

(*) *Iniciación a la albañilería,* de René Hiller (EVEREST).

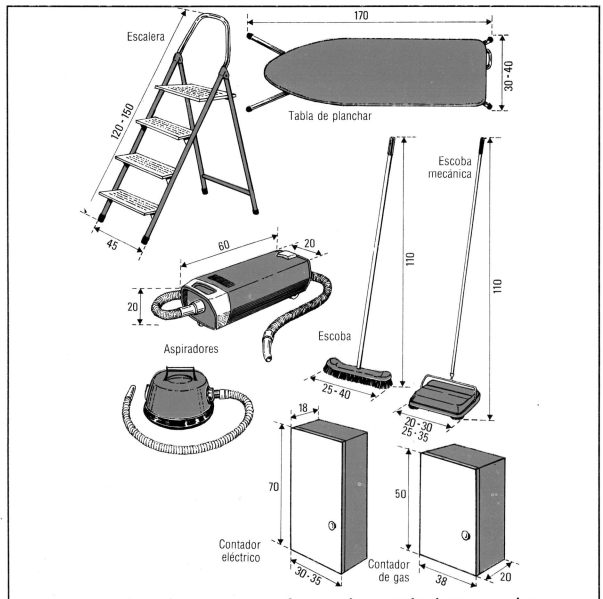

Escalera

120 - 150

45

170

30 - 40

Tabla de planchar

Escoba mecánica

110

110

60

20

20

Aspiradores

Escoba

25 - 40

20 - 30
25 - 35

18

70

Contador
eléctrico

30 - 35

50

Contador
de gas

38

20

A menudo no se tienen en cuenta las escobas, aspiradores, escaleras o banquetas al fabricar un mueble para la colocación de objetos, por lo que se colocan de cualquier forma en un rincón de la cocina.

Las maderas que se emplean en los trabajos de carpintería son las siguientes: encina, castaño, fresno, roble; resinosos: (abetos, pinos); madera dura de ultramar (caoba).

Entonces, siempre le será posible colocar en las puertas de madera maciza molduras y empuñaduras de la misma clase, algo que les dará, según su gusto, un aspecto moderno o «de estilo».

Puede procederse a chapados de maderas del tipo de su elección, en los paneles de aglomerados. Existen actualmente paneles ya montados que presentan una superficie de «madera noble» pegada sobre una plancha de aglomerado o contrachapado. Si utiliza ese material, piense en cubrir el canto del panel, si es visible.

Una segunda solución puede consistir en utilizar colorantes, con el fin de modificar el tono natural de la madera. Habitualmente se encuentran cuatro tonos: Nogal, caoba, embero y nogalina.

Algunos prefieren conservar el color de la madera natural, cubriéndola con una cera o barniz transparente, brillante, mate o satinado.

Para el mobiliario de la habitación de los niños, se utilizan a menudo colorantes de color vivo, como azul, rojo, verde o amarillo que, contrariamente a la pintura, dejan ver la textura de la madera.

Les recomiendo insistentemente que conserven el tono natural de la madera, preservándola gracias a un barniz incoloro y satinado.

La tercera solución, más radical, consiste en utilizar simplemente la pintura. Esta solución se impone si utiliza madera ordinaria. La madera puede ser cubierta y pintada de forma satisfactoria con la mayor parte de los productos. Para las habitaciones húmedas, cocinas, *salas de baño, sótanos,* o para los muebles de las casas de campo sin calefacción, la pintura puede constituir una excelente protección. Pero hay que elegir una pintura particularmente adaptada a los asaltos de la humedad y, eventualmente, antiséptica (contra los hongos).

Si el mueble de madera está sometido a una humedad constante, por ejemplo si los pies del mueble pisan habitualmente el agua (cuartos de baño...), puede preservar su integridad acondicionando una base de mampostería. Facilitará la ventilación de los objetos contenidos en esos muebles practicando ventilaciones laterales (unos agujeros de taladradora o una pequeña abertura de 10 cm × 10 cm cubierta por una fina rejilla contra los animalitos). Esas ventilaciones deberán ser hechas, si es posible, de un lado en la parte baja, y de otro lado en la parte alta del mueble. Los objetos colocados dentro estarán en una situación más seca.

B) Los paneles

Los contrachapados

Los contrachapados, compuestos por finas láminas de madera superpuestas y colocadas en sentido cruzado, se benefician con una buena estabilidad.

Sin embargo, hay que distinguir varios tipos de encoladuras: el tipo dos debe ser empleado en lugares secos (interior); los tipos tres y cuatro deben ser utilizados en locales que pueden ser húmedos (contacto con paredes antiguas, con fachadas de cemento, utilización del mueble en una cocina o un cuarto de baño, en un bajo sin bodega, etc.).

— Los tratamientos de terminación son los mismos que para la madera maciza.

— Los diferentes espesores son de 3, 4, 5, 6, 7, 10, 12, 15, 18 y 20 mm.

— Las dimensiones se escalonan entre 200 y 244 cm para la longitud, 65 y 122 cm para la anchura.

Los enlazados (alistonadas)

Se trata de paneles compuestos por varillas de madera de sección cuadrada atrapadas en forma de «sandwich» por láminas cuyas fibras son perpendiculares, de tal forma que, al oponer la dirección de las vetas, impide que el panel «se tuerza».

Esos paneles existen en varios espesores: 16, 19, 22, 24 y 30 mm y en dos dimensiones: 100 × 200 y 122 × 244.

El tratamiento del terminado es el mismo que para la madera maciza.

Los aglomerados

Los aglomerados están constituidos por partículas y fibras de madera prensados y encolados. Se trata de un material práctico y fácil de trabajar, pero que es fácilmente atacable por la humedad *(aunque en el mercado encontramos los hidrófugos, paneles de aglomerado muy resistentes al agua y humedades).*

Otro inconveniente es el de la fragilidad de los bordes de los paneles, que se desmenuzan fácilmente. Puede remediarlo pegando una varilla de madera en toda su longitud con el fin de protegerlo de los golpes.

Para unir paneles de aglomerado, utilice preferentemente tornillos especiales y cola, antes que clavos. Finalmente, evite colocar charnelas o goznes si están destinados a soportar un peso excesivo (puerta de alacena, etc.).

Se encuentran fácilmente paneles de aglomerado cubiertos por una capa de enlucido y laca cocida al horno (mate o brillante). Existen igualmente paneles que presentan una superficie de PVC o melamina, de aspecto diverso: blanco, colores, imitación de madera, etc.

Los espesores varían de 10 a 22 mm para dimensiones de 122 × 244 y 183 × 366. El aglomerado soporta todos los tratamientos de terminación.

C) El metal

Se encuentran actualmente en el mercado numerosos materiales metálicos que se utilizan en el amueblado. Por ejemplo, se puede servir de tubos de acero al natural, revestidos o lacados en caliente en fábrica, vendidos con sus propias piezas de ensamblaje. Sistemas idénticos en inoxidable o en una aleación de aluminio se venden en *kit* en el comercio.

Puede *que tenga usted preferencia* por la utilización de materiales con agujeros y galvanizados, utilizando habitualmente en los almacenes y locales industriales. Se venden por metros. Los cortará usted según las dimensiones deseadas con una sierra de metales y los unirá muy fácilmente con tornillos y tuercas.

Sobre el armazón metálico de su elección, colocará tablas de madera y de cristal grueso, lo que dará a su mueble un aspecto absolutamente moderno.

El armazón de metal podrá ser pintado con pistola o con brocha. Pintando las tablas con otro tono su mueble ganará visualmente cierta armonía.

Esta solución económica se dirige sobre todo a los jóvenes. Permite realizar mesas, mesas de tipo bajo y bibliotecas, que podrán armonizarse con un mobiliario contemporáneo de madera natural o lacada...

El armazón metálico da un ambiente dinámico, sobre todo cuando está pintado con vivos colores.

LA ELECCIÓN DE LA HERRAMIENTA

Los buenos obreros tienen siempre buenas herramientas, pero no son necesarias muchas.

Para todo lo que concierne al trabajo de la madera y sus derivados, encontrará una lista detallada de herramientas, acompañada de numerosos consejos sobre su empleo en la «Iniciación a la carpintería» (Everest).

Recordemos no obstante los pocos consejos básicos indispensables:

— un doble metro, plegable o en cinta;
— una escuadra para la exactitud de los trazados;
— una sierra de madera;
— una *sierra de curvas* para el trabajo de precisión;
— un cepillo de carpintero;
—— un martillo de carpintero (*peña* de unos 300 g) y varios tipos de puntas, según el trabajo que haya que realizar: tachuelas, clavos de tapicero, cabeza ancha, *botasebo,* etc.
—— destornillador y tornillos de diferentes longitudes y diámetros.

Este *equipamiento* constituiye la herramienta básica. Ulteriormente podrá necesitar tijeras de madera, limas, *berbiquís* o taladradoras.

No puedo menos que aconsejarle la adquisición de una sierra eléctrica si se plantea varias realizaciones. Ganará tiempo, energía y precisión...

Haga el plano de su ensamblaje

No obstante, es posible igualmente hacer cortar, en el momento de hacer la compra, las piezas de madera según sus dimensiones. Para ello, anote con precisión:

— el material, la calidad, el espesor o la sección;
— las dimensiones (largo y ancho);
— el número de piezas idénticas.

El aficionado al bricolaje, puede igualmente evitarse numerosas dificultades comprando una taladradora eléctrica para madera, ladrillo, cemento y metal. Con dicha herramienta, el bricolaje se convierte en un pasatiempo para todos. Un *mueble de elementos* puede ser realizado sin esfuerzo en pocas horas, por ejemplo durante un fin de semana...

Para el trabajo del metal, deberá emplear necesariamente una sierra de metal, un *berbiquí* o una taladradora y una panoplia de limas para redondear y pulimentar los bordes que acaba de aserrar. Para apretar tornillos y tuercas, piense en la llave inglesa, que se adapta a todos los tamaños.

¿QUÉ ELEGIR?

No se crea obligado a construir inmediatamente todo lo que había previsto. Hágase un calendario.

Debe ahora elegir: ¿qué solución piensa adoptar para el acondicionamiento de su interior?

Si vive en un interior «antiguo», sería quizás interesante tirar una pared para hacer un gran armario empotrado entre dos habitaciones (véase el croquis).

Entre un cuarto de baño y un dormitorio se puede crear igualmente un *vestidor*.

Igualmente podrán utilizarse los pasillos, con el fin de ser acondicionados según anchura en armarios o bibliotecas.

El sistema de armario estantería o armario ropero, son los tipos más habitualmente adoptados. Sepa de todas formas, que deberá contar, para los vestidos colgados, al menos de una distancia lineal de 60 cm a 1 metro por persona, como mínimo. Para la ropa, será necesario prever un volumen de 0,3 m^3 por persona, es decir, un metro de espacio en altura y en anchura, por una profundidad de 30 cm.

Para una familia de cuatro a seis personas, será necesario, pues, contar con al menos un metro cúbico de colocación, o sea el espacio de tres metros cuadrados de fachada por treinta centímetros de profundidad.

Estas pocas cifras muestran qué importante es reflexionar en el acondicionamiento de sus futuros muebles de colocación antes de proceder a su construcción.

Cuando construya un mueble, ya se trate de un armario con estanterías o para colgar la ropa, hay que ver siempre con mucha amplitud...

Tomemos como ejemplo un mueble de colocación para un equipo de alta fidelidad: no intente ajustar demasiado el mueble a

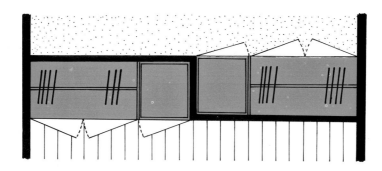

Después de derribar una pared, o simplemente para dividir en dos una habitación demasiado amplia, se ha creado un espacio que permite acondicionar armarios roperos en ambas piezas.

Hay que hacer notar que esa solución garantiza un excelente aislamiento sonoro.

Un juego de armarios de cada lado, en forma de bayoneta, no quita volumen a las piezas —se suprimen los rincones—.

las dimensiones de su aparato y su amplificador. Prevea el espacio necesario para un eventual lector de casetes. Prevea igualmente un espacio suficiente para colocar sus futuros discos.

Siempre tendrá usted más discos, más libros, cosas o vestidos que colocar. Con el fin de que no se sienta obligado a construir dentro de unos meses nuevos muebles que le arrebatarán algo más de espacio, una vez más, ¡tenga visión amplia!

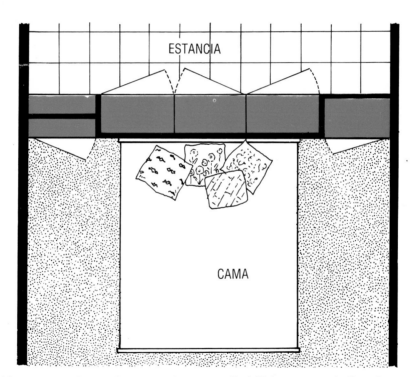

Una pared ancha puede ser dividida con el fin de ser utilizada —como vemos en el dibujo— desde los dos lados a la vez.

Fabricar un armario entre dos habitaciones

La pared que separa la sala de estar del dormitorio fue derribada y remplazada por un armario abierto de un lado o de otro, según los paneles.
Se mantiene el papel que desempeña la mesita de noche.

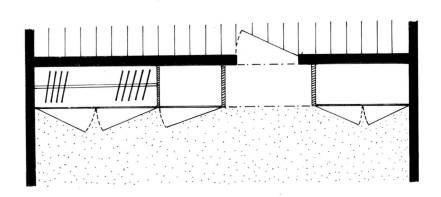

En una habitación de cierto volumen,
es finalmente posible crear una
pequeña entrada construyendo una
hilera de armarios en toda la longitud
de la pared.

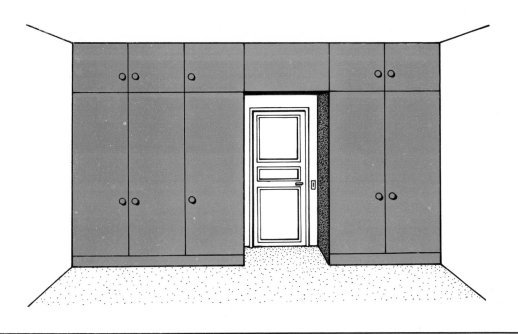

DIFERENTES ESPACIOS PARA COLOCAR OBJETOS

Un armario aislado en una esquina de una habitación no producirá el mejor efecto y *desentonará*. He aquí algunas ideas de acondicionamiento mejor adaptadas al espacio del que dispone usted:

Las entradas son habitualmente dejadas de lado porque son demasiado pequeñas.

Roperos de entrada

Las entradas no son siempre suficientemente espaciosas para colocar ahí un armario. No obstante, si *no dispone más que de un espacio* de 20 cm de profundidad, siempre queda la posibilidad de colocar un armario guardarropa. Coloque una barra perpendicular a la puerta y unas perchas. Al lado del mueble o por encima del

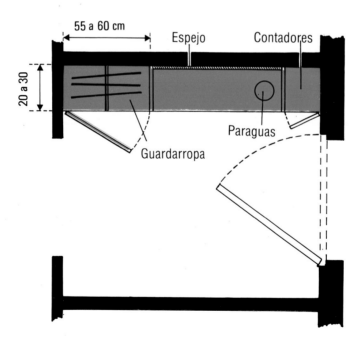

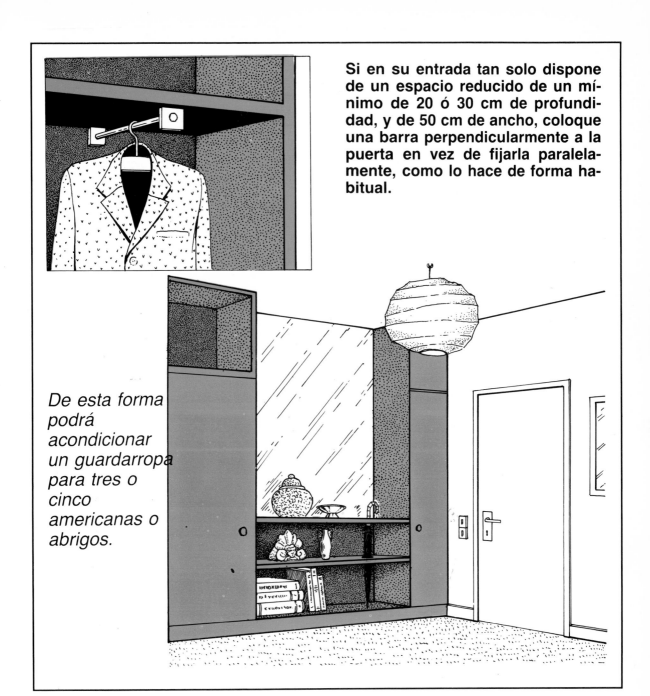

Si en su entrada tan solo dispone de un espacio reducido de un mínimo de 20 ó 30 cm de profundidad, y de 50 cm de ancho, coloque una barra perpendicularmente a la puerta en vez de fijarla paralelamente, como lo hace de forma habitual.

De esta forma podrá acondicionar un guardarropa para tres o cinco americanas o abrigos.

guardarropa, unas estanterías permitirán a sus invitados dejar ahí sus llaves, bolsos o sus sombreros al mismo tiempo que sus abrigos. Además, esas estanterías le permitirán colocar algunos libros o diversos objetos de uso secundario.

Completará ese montaje fijando un espejo y, eventualmente, un paragüero.

Altillos o maleteros bajo el techo

Ciertos objetos molestos como los esquíes, una caña de pescar, maletas o una escalera, son objetos difíciles de colocar. En un armario —si consigue colocarlos— ocupan un espacio considerable... Es casi siempre posible llevar a cabo en su entrada o en un pasillo, un altillo de la longitud necesaria.

La trampilla del falso techo debe tener una posición que permita el espacio necesario para poder introducir los objetos más voluminosos y más largos. En nuestro croquis, por ejemplo, la longitud debe corresponder al menos a la de los esquíes.

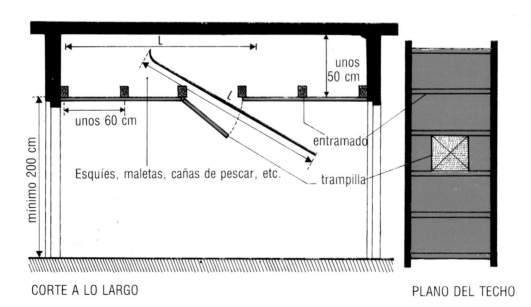

L

unos 50 cm

unos 60 cm

mínimo 200 cm

entramado

Esquíes, maletas, cañas de pescar, etc.

trampilla

CORTE A LO LARGO

PLANO DEL TECHO

20

Armario por encima de la entrada que se abre hacia otra habitación.

Basta con bajar el techo fijando un entramado de ambos lados del pasillo a cada uno 60 u 80 cm. Sobre ese entramado colocará el suelo (llamado fondo). Es igualmente posible fijar el fondo clavándolo en el entramado por debajo. Si deja que aparezca el entramado obtendrá un nuevo techo de estilo rústico. No tendrá más que pintar la madera o barnizarla según sus gustos. Si desea que el falso techo sea invisible, adopte la segunda solución (quizás menos fiable sin embargo) y pinte el fondo con el color de las paredes.

Prevea al menos dos metros bajo el techo del entramado, con el fin de que el falso techo no moleste el paso por debajo. Es posible acondicionar ahí una trampilla (véase el croquis).

Prevea un espacio suficiente para acceder sin dificultad a su nuevo armario.

Cerrará ese altillo con una cortina o con puertas batientes o trampillas.

Un último consejo: ¡piense en la iluminación!

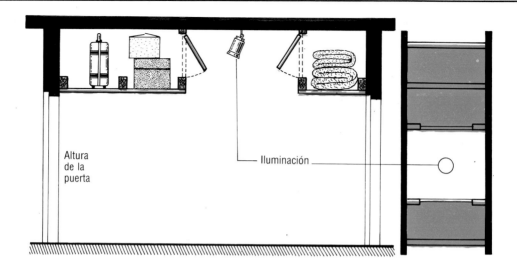

Altura
de la
puerta

Iluminación

La abertura de las puertas del falso techo no debe ser impedida por la colocación de un sistema de iluminación molesto. La mejor solución para su iluminación será, sin duda, la colocación de un sistema orientable que permita eventualmente iluminar cuando se quiera el interior de los espacios de colocación de objetos.

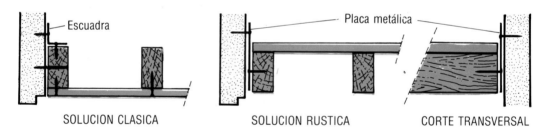

Escuadra

Placa metálica

SOLUCION CLASICA   SOLUCION RUSTICA   CORTE TRANSVERSAL

Si opta por la solución «rústica», será más estético no utilizar escuadras para fijar el entramado en la pared. Fije más bien con tornillos una placa metálica al listón; después una el conjunto a la pared, antes de colocar el fondo.
De esa forma, no habrá ninguna atadura visible.

Armario separador

Un mueble separador, es decir perpendicular a la pared, permite cortar una habitación demasiado amplia y crear espacios diferenciados. De esa forma se puede, por ejemplo, crear un pequeño volumen de entrada en un «estudio», separar un pequeño comedor de la cocina o del resto de la habitación.

Un mueble separador colocado perpendicularmente a la puerta permitirá crear un vestíbulo de entrada. Será más útil y más estético orientar los diferentes paneles del mueble de un lado y otro de la habitación, creando por ejemplo un ropero en la entrada y una pequeña biblioteca en la sala de estar.

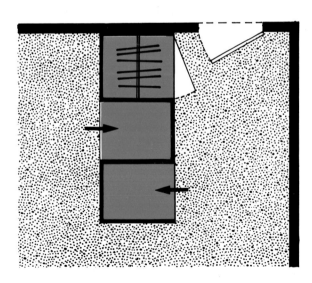

Mueble separador.
Ofrece un espacio de entrada
sin cortar el volumen de la pieza.
Evita una corriente de aire y da más intimidad.

Pueden utilizarse diversos tipos de muebles de esta forma: un armario que se abre de un solo lado o, lo que puede ser a la vez más útil y más estético, que se abra de ambos lados; una biblioteca calada, igualmente decorativa de ambos lados...

El mueble separador puede tener todas las alturas. Puede convertirse en cabecera de cama o en una verdadera pared que suba hasta el tejado.

EMPLEO DE LA MAMPOSTERIA

Con ocasión de realizar modificaciones importantes en el hogar, puede ser interesante hacer soportes de mampostería.

Puede ser interesante utilizar la mampostería para cerrar el lado de un armario empotrado practicando hornacinas.

Las construcciones deben ser ligeras. Varios materiales pueden emplearse:

— las plaquetas de cemento se hallan en espesores diversos: 5, 10, 15 y 20 cm. Deberán ser cubiertos por una capa en sus dos caras;

— el ladrillo hueco deberá llevar una mano de yeso;

— el ladrillo lleno, más caro y de uso más difícil, permanecerá aparente, debido a sus cualidades decorativas;

— pueden utilizarse baldosas de yeso sobre algo ya construido.

Si desea crear un espacio para colocar objetos en mampostería con estanterías caladas, se le pueden ofrecer varias soluciones:

Puede utilizar tacos fijados en las paredes a las alturas deseadas; cuñas, lo que no será muy estético si destina su mueble a una habitación; hierros fijos verticales con agujeros, en los que se fijan las escuadras de metal (cremallera) o estanterías metálica con sus agujeros, de la que una de las alas sería fijada en la mampostería mientras que la otra soportaría la parte inferior de la estantería, lo que presenta la ventaja de ser un sistema casi invisible.

Finalmente, gracias al mortero pueden crearse partes salientes a lo largo de las paredes con el fin de soportar las estanterías; el procedimiento es un poco rústico que necesita un cemento muy resistente.

Cortinón

Estantería

Escuadra metálica

Es posible crear armarios, duchas o rinconeras de trabajo entre elementos de ladrillo.

Las paredes de mampostería pueden ser utilizadas finalmente como soportes de cama, lo que permite acondicionar espacios para la colocación de objetos en cajones situados bajo el somier.

De la misma manera puede uno servirse de dichas paredes para separar camas superpuestas. Las columnas de mampostería, más sólidas que la madera, no chirrían y no son sacudidas por los movimientos de uno de los dos durmientes durante la noche...

ARMARIOS ROPEROS

1. Elementos constitutivos

Si la pared contra la que se adosa el armario es húmeda o fría, será útil colocar un fondo de contrachapado, incluso acondicionar ahí un espacio que permita la ventilación del mueble apartándolo de la pared por medio de cuñas.

La fachada, o parte delantera del mueble está compuesta por partes fijas (armazón o bordes de las paredes laterales) y de partes móviles, puertas y espejos.

Las puertas pueden estar fijas sobre los paneles del costado o sobre el armazón de la fachada.

Los *costados* son las paredes verticales que unen la fachada con la *trasera,* panel del fondo, opuesto a la fachada. Si en el armario hay siempre una trasera, no es necesariamente el caso para un armario empotrado, que puede fijarse en la pared. Si la pared sobre la que piensa construir ese armario es húmeda, puede ser no obstante interesante prever un panel trasero. Este no será colocado directamente contra la pared, sino que, gracias a las cuñas, dejará en toda su longitud un espacio libre que permita la ventilación de la madera.

El *fondo* es la parte horizontal baja. Como para la trasera, puede ser simplemente reemplazado por el suelo, salvo en caso de humedad, contra la que habrá que tomar disposiciones similares para permitir la circulación del aire.

La *capota* es la parte horizontal superior. Dicho elemento existirá tan solo si decide fabricar un mueble bajo que no alcance el techo. La superficie superior de un armario bajo puede servir du-

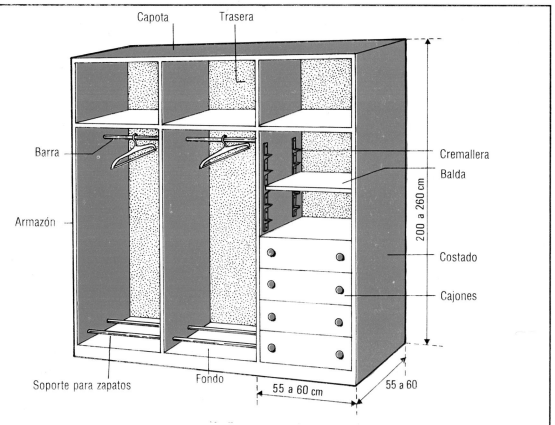

Capota Trasera

Barra

Armazón

Soporte para zapatos Fondo

Cremallera

Balda

200 a 260 cm

Costado

Cajones

55 a 60 cm 55 a 60

No coloque cajones demasiado altos. ¡No alcanzaría a ver lo que hay dentro!

rante un tiempo para exponer objetos decorativos, pero, con el tiempo, se convertirá pronto en un espacio suplementario para colocar maletas o viejos cartones... así como un nido de polvo.

Entonces, ese conjunto producirá un aspecto desordenado que estropeará su realización.

Prevea de todas formas un poco de juego (espacio) en sus medidas de la altura, particularmente si vive en una casa o un edificio antiguo. En efecto, es posible que las paredes no sean muy regulares.

En ese caso habrá que verificar la horizontalidad y calzarlo con el fin de fijarlo.

Si se trata de paneles portadores, habrá que tener mucho cuidado en la colocación de herrajes con relación a la horizontal. Evitará así a sus puertas moverse en el sentido de la altura hasta su unión.

El mismo problema se plantea si emplea paneles corredizos. El juego obtenido pasará por un *rodapié* o un *zócalo,* en la parte baja y por una *cornisa* en la parte alta.

Las *baldas* forman la estantería. Pueden ser clavadas o atornilladas, si se trata de una construcción por paneles. Si elige una de esas soluciones, sus estanterías serán fijadas de manera ⸺ca-

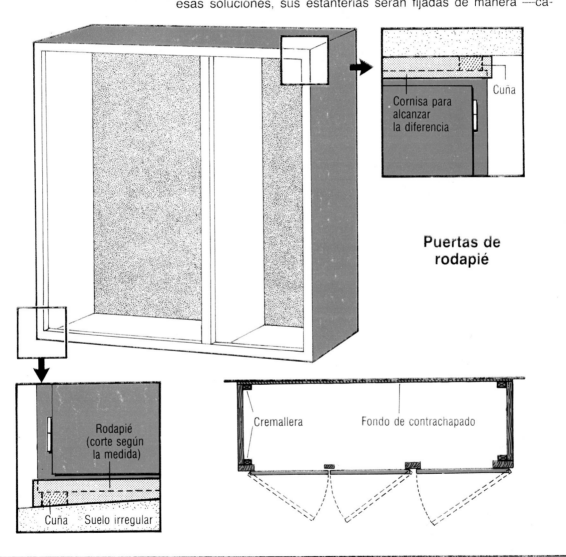

Cuña

Cornisa para alcanzar la diferencia

Puertas de rodapié

Rodapié (corte según la medida)

Cuña   Suelo irregular

Cremallera   Fondo de contrachapado

Se le ofrecen a usted numerosas soluciones en lo que respecta a la elección del sistema de cerrado de su mueble. Le corresponde a usted descubrir la solución mejor adaptada a esa realización.

si— definitiva, pero su armario ganará en solidez. La mayor parte de los aficionados al bricolaje prefieren utilizar *cremalleras* (generalmente de madera) vendidas por metro en el comercio. Las cremalleras se atornillan o pegan sobre los costados, y le permiten desplazar las baldas tantas veces como quiera.

Igualmente pueden usarse tacos para soportar la estantería, que pueden ser de madera, metal o materia plástica.

Los *cajones,* finalmente, pueden ser fácilmente construidos de madera (véase *Iniciación a la carpintería).* Su fachada o parte delantera puede ser de rasado, es decir, al mismo nivel que la fachada, o de solapa, cuando la parte delantera se adelanta para cubrir el resto de la fachada.

La parte delantera de lo que se llama «cajón inglés» es, por el contrario, muy reducida, o incluso ausente.

Las puertas

Para cerrar los armarios, puede adoptar varios estilos de puertas:

— *Puertas batientes macizas:* son puertas clásicas, constituidas por paneles de aglomerado, contrachapado o enlazado. Pueden ser de rasado, es decir encastradas en el interior del marco del armario, ya que la fachada ofrece un aspecto liso (en ese caso los cajones deberán ser igualmente de rasado).

Clavar las puertas de tal forma que el espacio comprendido entre la puerta y el marco sea lo más pequeño posible. Tan solo se puede sacar un espacio efectivo de 3 mm.

Clave entonces una cuña en el interior del armario, con el fin de tapar mejor el volumen útil.

Puede preferir el sistema de solaba: la puerta, más grande que el marco, se apoya contra este.

Según los herrajes que utilice, preste atención en que la puerta se abra fácilmente sin ser obstaculizada por otra puerta o por una pared.

— *Puertas corredizas:* se cuelgan con un sistema de guía y de raíles. Como su nombre indica, las puertas se deslizan las unas sobre las otras, lo que permite, por ejemplo, abrir y cerrar armarios en un pasillo estrecho, en el que no habría suficiente espacio para maniobrar puertas batientes.

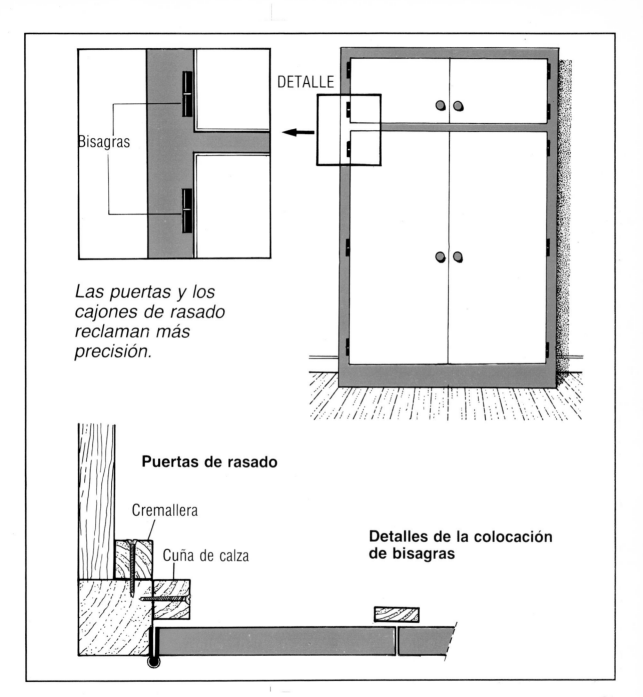

DETALLE

Bisagras

Las puertas y los cajones de rasado reclaman más precisión.

Puertas de rasado

Cremallera

Cuña de calza

Detalles de la colocación de bisagras

Dos ejemplos de la colocación de bisagras en las puertas de solapa.

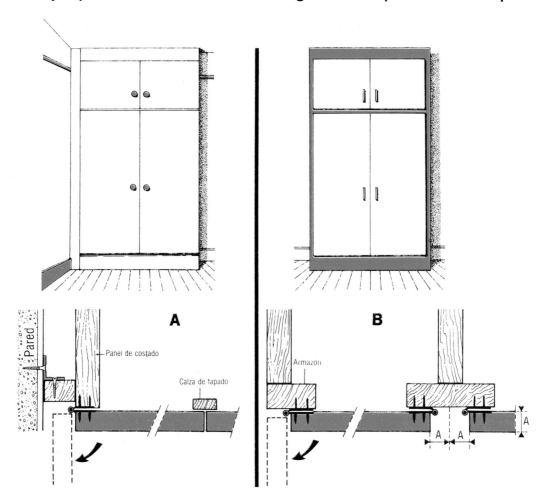

Si la puerta se fija sobre el panel del costado y el armario se sitúa contra una pared (A), habrá que dejar, gracias a cuñas o tapa-juntas, un espacio suficiente para permitir la abertura de la puerta, lo que permitirá, a la vez, corregir las irregularidades de la pared. La existencia de un armazón (B) permite no tener que recurrir a este sistema.

Hay que hacer notar no obstante, que ese sistema no permite una abertura simultánea de ambos batientes.

Para un buen funcionamiento, será necesario que la altura de la puerta no exceda dos veces y media su anchura.

— *Puertas en acordeón o puertas replegables:* están constituidas por paneles enlazados colgados de un rail o de paredes flexibles

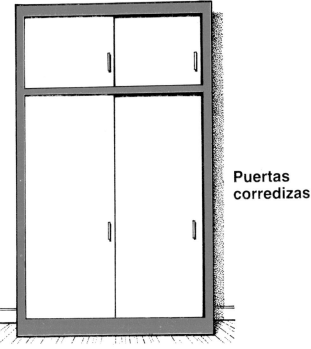

Puertas corredizas

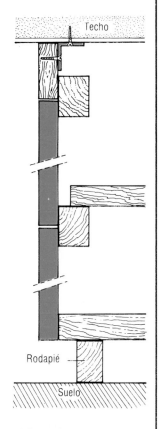

Vista en corte vertical del armario

de materia plástica. En el comercio se encuentran sistemas complejos preparados para ser instalados.

— *Paneles corredizos ligeros:* esos paneles están constituidos por láminas de tejido o madera colgadas sobre raíles.

Si busca la solución del tejido, prevea una pieza de madera o de metal para coser debajo de cada lámina, con el fin de tensarla. Para fabricarlas puede emplear telas fuertes de color vivo —por ejemplo, para una habitación de niños— tela de tumbona, tejido de tela que cubre los muebles, telas tejidas a mano, etc.

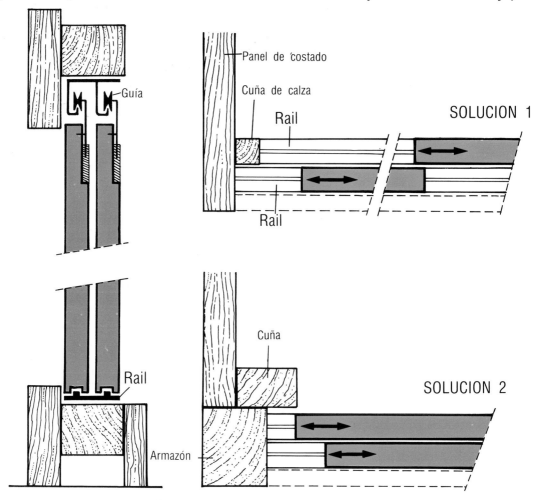

La colocación de una cuña o cubre junta a lo largo de las paredes del costado (solución 1) o del armazón (solución 2) permite asegurar el ajuste de las puertas. Prevea un solapado de una puerta sobre la otra (en torno a un centímetro) a lo largo de su línea de unión central con el fin de asegurar un buen cierre o ajuste.

Los paneles corredizos ligeros (cortinón) de tejido o en láminas de madera pueden utilizarse para cerrar un armario, pero también, por supuesto, para tapar una ventana o romper un espacio.

Corte las láminas de tejido en cintas de 10 a 20 cm previendo una longitud superior a la de la fachada del armario. Esa longitud suplementaria le permitirá acondicionar, en lo alto y bajo de la hoja, las puertas corredizas donde serán colocados los contrapesos de madera o metal.

Las láminas se fijarán a los guías del rail portacortina por sus extremos superiores.

— *Las bisagras:* Son las piezas metálicas que fijan las puertas a los costados y permiten su rotación. Existen varios modelos, y cada cual presenta ventajas diversas.

Fijará las bisagras en la puerta y la parte fija, con tres piezas para una gran puerta de armario ropero y tan solo dos para una puerta de dimensiones inferiores. El número de bisagras necesarias podrá variar según el empleo del armario así como del peso del material utilizado para la puerta. Si esta es muy pesada, y destinada a ser manipulada con frecuencia, habrá que prever quizás un reforzamiento de las bisagras.

Si el peso de la puerta se incrementa con la colocación de un espejo o una estantería en el interior, habrá que utilizar no solamente bisagras sólidas, sino igualmente pensar en reforzar el material de soporte sobre las que serán atornilladas.

La cerrajería: Se utiliza tradicionalmente el pestillo para cerrar ciertos armarios. Se trata de un pequeño cerrojo llano, colocado sobre una placa, que se fija en lo alto y bajo de la puerta. Desde hace unos años, ya los fabricantes de muebles utilizan una solución más práctica, los cierres magnéticos. Dicho sistema de cierre es fácil de colocar. Basta con atornillar dos imanes, uno sobre la puerta, otro sobre una balda, tomando la precaución necesaria para que se hallen frente a frente. La atracción de ambos imanes mantendrá la puerta cerrada. No faltará más que colocar una empuñadura para terminar la obra.

Si se trata de una puerta grande, será quizás necesario colocar dos pares de imanes, arriba y abajo.

Unico inconveniente de ese sistema: el magnetismo de los imanes desaparece si la puerta permanece demasiado tiempo abierta.

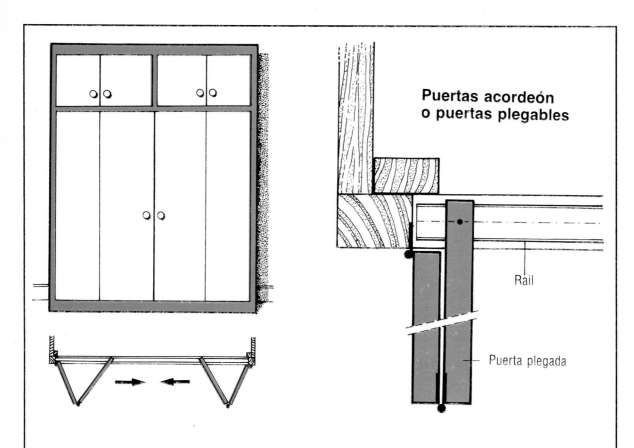

**Puertas acordeón
o puertas plegables**

Rail

Puerta plegada

La solución más sencilla y económica será sin duda alguna comprar ese sistema enteramente en el comercio e integrarlo en su realización.

2. El armario doble

Si usted posee un armario de una profundidad que supera el metro, caso que se da en casas antiguas, se le ofrecen varias soluciones de acondicionamiento de ese «espacio perdido».

La primera solución consistiría en crear un armario ropero taladrando perpendicularmente a la fachada una barra telescópica que tirará hacia el exterior para tener acceso a los vestidos colgados. Dicho sistema es fácil de colocar, pero la barra telescópica no podrá soportar una carga pesada.

Una segunda solución consistiría en practicar en la cara interior de la puerta del armario un volumen de colocación en «superestructura». Dicho volumen podrá contener objetos de poco peso: pañuelos, guantes, corbatas, zapatos, etc.

Cornisa en la parte alta que cubre el rail

Rail

Plastón

Deberá ser fijado con bisagras de muy buena calidad, y estarán atornilladas en un material sólido.

Según las habitaciones en las que se hallan los armarios, puede utilizarse un sistema equivalente, con el fin de crear un *botiquín* o un *botellero*.

Finalmente, puede, si dispone del espacio suficiente, aserrar lo alto de la puerta para colocar un altavoz en el interior del armario. Tan solo le faltará ocultar el hueco realizado sin bajar el sonido. Se le ofrecen a usted varias soluciones: pequeñas persianas, tela ligera, nido de abeja, etc.

3. Armario ropero

Puede acondicionar un armario ropero en un reducto estrecho, con la condición de que éste sea de al menos de 55 cm, el espacio necesario para colgar vestidos.

Si dispone de un espacio más importante, utilícelo para fijar estanterías en toda la superficie accesible, siendo la profundidad de las baldas de al menos 30 cm.

Si se trata de paredes de hormigón, será difícil atornillar las estanterías. Coloque más bien a lo largo de las paredes laterales unos paneles de madera con las dimensiones de esas paredes, y fije en ellos unos soportes sobre los que colocará las estanterías.

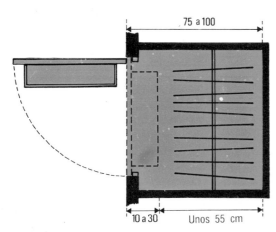

75 a 100

10 a 30   Unos 55 cm

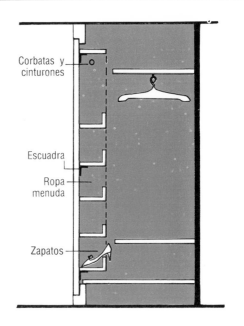

Corbatas y cinturones

Escuadra

Ropa menuda

Zapatos

Armario ropero doble

(Nota: este sistema puede utilizarse sobre un armario de poca profundidad.)

Monte el armazón de su armario doble, atornillando las tablas del marco y las estanterías antes de montar el conjunto sobre la puerta interior con la ayuda de escuadras.

Con su sola presencia, éstas mantendrán los paneles verticales. Dicho sistema permite colocar clavos o tornillos; se monta y desmonta a cualquier altura.

Si el armario ropero alcanza las dimensiones de una pequeña habitación, coloque los espejos en tres o cuatro lados. Se podrá ver así bajo todos los ángulos, lo que puede ser útil para su espo-

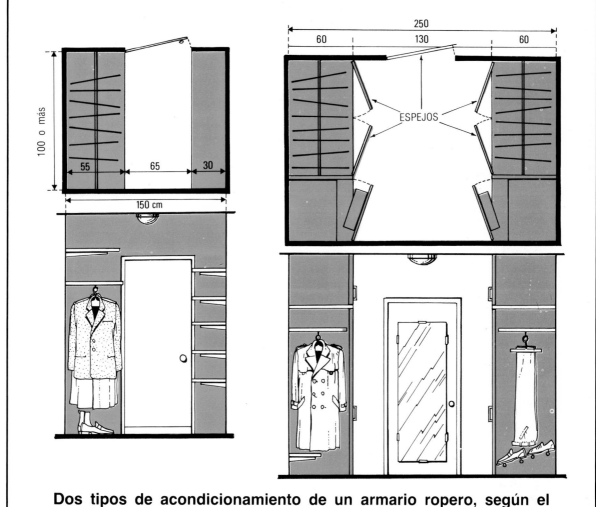

Dos tipos de acondicionamiento de un armario ropero, según el espacio disponible.

sa, por ejemplo, si se cose una falda o si tan solo quiere verificar su vestimenta antes de salir.

El espacio restante podrá estar ocupado por una pequeña percha con pie sobre la que colocará al acostarse los vestidos que volverá a poner al día siguiente.

Piense en prever un sistema de ventilación en su armario ropero, por ejemplo en la parte inferior de la puerta principal.

Finalmente, piense en iluminar su armario ropero de manera que no obstaculice la abertura de las diferentes puertas.

¿Dónde colocar su armario ropero?

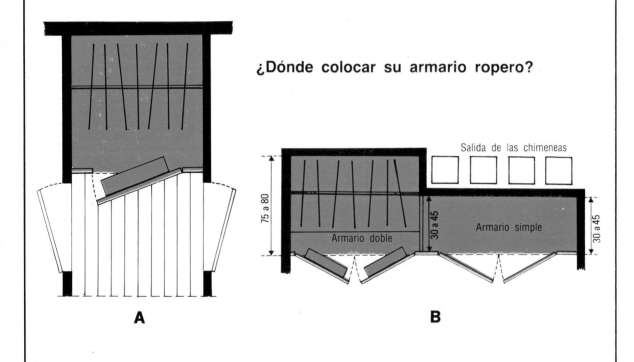

A

B

En el fondo de un pasillo (ejemplo A) o sobre un fondo de pared irregular (ejemplo B).

MUEBLES SEPARADORES EN LA COCINA

Tan solo volveremos sobre esta forma original de colocación que permite cortar el volumen de una habitación situando una pared utilizable para evocar el caso particular de la cocina - comedor.

En la mayor parte de los apartamentos, la cocina se halla abierta hacia la sala de estar, lo que puede perjudicar a la estética de la habitación. Es posible entonces crear un mueble frente a

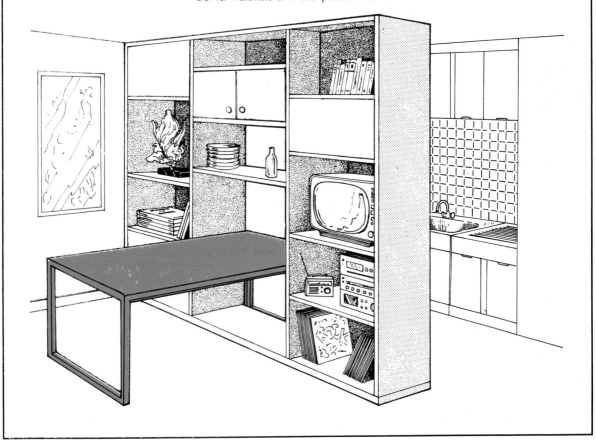

Ciertas estanterías podrán abrirse de ambos lados —cocina y comedor— para servir así de pasaplatos permitiendo a la persona que prepara la comida no ser aislada de la conversación que se lleva a cabo en el salón comedor.

esa cocina, que suba hasta el techo y sostenido por tornillos, y que formará una especie de pasillo que podrá ser cerrado por una cortina fijada entre la pared y el mueble.

Este podrá tener varias funciones.

Lado cocina: podrá acondicionar armarios o estanterías para colocar la vajilla y las provisiones.

Lado estancia: el mueble podrá convertirse en una biblioteca en la que se colocarán libros, discos, adornos o incluso, por qué no, radio y televisión.

Puede ser interesante colocar la vajilla, vasos y cubiertos en los armarios abiertos por ambos lados, siendo así su acceso simplificado por un lado como por el otro.

La mesa del comedor puede adosarse a esa pared, a la altura de una abertura que servirá de pasaplatos.

Finalmente, puede ser útil acondicionar un espacio suficiente del lado de la cocina para instalar ahí una pequeña mesa de trabajo.

Si dispone de tan solo un espacio reducido, adopte la solución de la mesa abatible, con el pie que se repliega bajo la mesa. La plancha se atornillará a 75 cm del suelo y tendrá las dimensiones que desee, sabiendo que hay que contar con un mínimo de 60 cm de largo y ancho por persona. Si tan solo desea utilizar dicha mesa en plan de trabajo, será quizás más práctico y sólido usar una plancha de 75 cm de profundidad, que se plegará, pues, hasta el suelo en posición cerrada.

La mesa se fijará en la pared gracias a una fuerte charnela atornillada sobre una plancha de madera, lo que permitirá una fijación más sólida. De igual forma se fijará la pata abatible en el otro extremo de la plancha. Una pata doble será más sólida y dará a su mesa mejor estabilidad. En ese caso, las patas estarán unidas a cierta altura, a lo ancho.

La pata doble será mantenida por una bisagra en forma de compás.

Una variante de esa solución consiste en integrar una mesa de la dimensión necesaria (siga pensando en los 60 cm por invitado) en el mueble separador entre la sala y la cocina.

La meta estará provista de ruedas y correrá gracias a una abertura practicada en el mueble. De esa manera podrá tirar de la mesa de la estancia si tiene invitados, y empujarla hacia la cocina cuando termina la comida y necesita espacio. En tiempo normal, la mesa puede estar posicionada entre ambas habitaciones, lo que permite obtener un plan de trabajo en la cocina y un rincón de

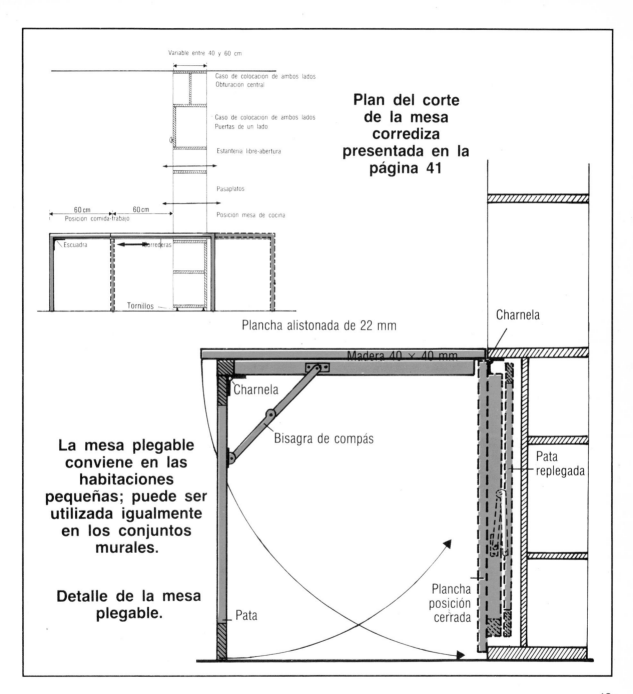

Variable entre 40 y 60 cm

Caso de colocacion de ambos lados
Obturacion central

**Plan del corte
de la mesa
corrediza
presentada en la
página 41**

Caso de colocacion de ambos lados
Puertas de un lado

Estanteria libre-abertura

Pasaplatos

60 cm   60 cm

Posicion comida-trabajo

Posicion mesa de cocina

Escuadra   Correderas

Tornillos

Plancha alistonada de 22 mm

Charnela

Madera 40 × 40 mm

Charnela

**La mesa plegable
conviene en las
habitaciones
pequeñas; puede ser
utilizada igualmente
en los conjuntos
murales.**

Bisagra de compás

Pata
replegada

**Detalle de la mesa
plegable.**

Plancha
posición
cerrada

Pata

comida para una o dos personas en la estancia. Un último consejo para la realización de ese muebles separador: no rellene el fondo de todas las estanterías. Al dejar algunas aberturas en el mueble, permite a la persona que trabaja en la cocina que no permanezca aislada de la actividad de la estancia.

Subrayemos finalmente la importancia de los costados que hacen el oficio de soporte. Con el fin de obtener mejor estabilidad, pueden realizarse en mampostería y dar un aspecto suplementario al conjunto, ya sea dejando el ladrillo aparente o cubierto...

COLOCACIONES MURALES

Las baldas pueden fijarse en los elementos portadores gracias a diversos sistemas de fijación: pequeñas escuadras, cremalleras o tacos de madera (clavijas) o de metal.

Por oposición a los armarios empotrados que hacen cuerpo con las paredes y los muebles de separación que se apartan de las paredes, los armarios de colocación mural se aplican contra las paredes.

Generalmente se componen de materiales ligeros, donde lo funcional y lo decorativo se vinculan estrechamente.

Es una solución poco costosa que reemplaza perfectamente los tradicionales mueble-bar, aparador o biblioteca.

En una sala de estar o salón, los armarios murales soportan los objetos corrientes: vajilla, libros, televisión, radiocasetes, etc. En un dormitorio de niño, contienen los juguetes y los libros de clase.

En el dormitorio de la pareja, reemplazan al tocador.

Existen varios tipos de armarios murales, variables según su estructura. Son generalmente evolutivos, es decir que pueden ampliarse, desplazarse o modificarse a voluntad.

Pueden estar compuestos de varias formas:
— adición de elementos portadores y estanterías;
— elementos de cajeros modulares apilables.
— elementos compuestos que pueden ser yuxtapuestos;
— elementos completos que pueden ser superpuestos;
— elementos y estanterías soportados por la pared.

A) Armario mural por adición de elementos y sus estanterías

Se le ofrecen varios sistemas de fijación.

Los elementos portadores pueden ser independientes o acoplados de dos en dos. Si elige la madera como material, tome unas varillas de una sección aproximada a los 4 cm × 4 cm.

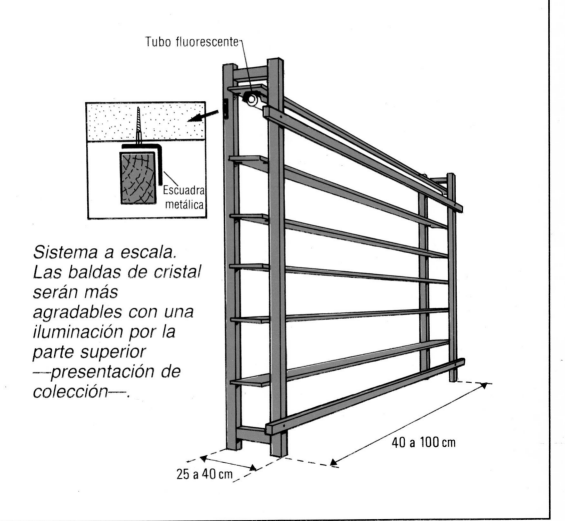

Tubo fluorescente

Escuadra metálica

Sistema a escala. Las baldas de cristal serán más agradables con una iluminación por la parte superior —presentación de colección—.

40 a 100 cm

25 a 40 cm

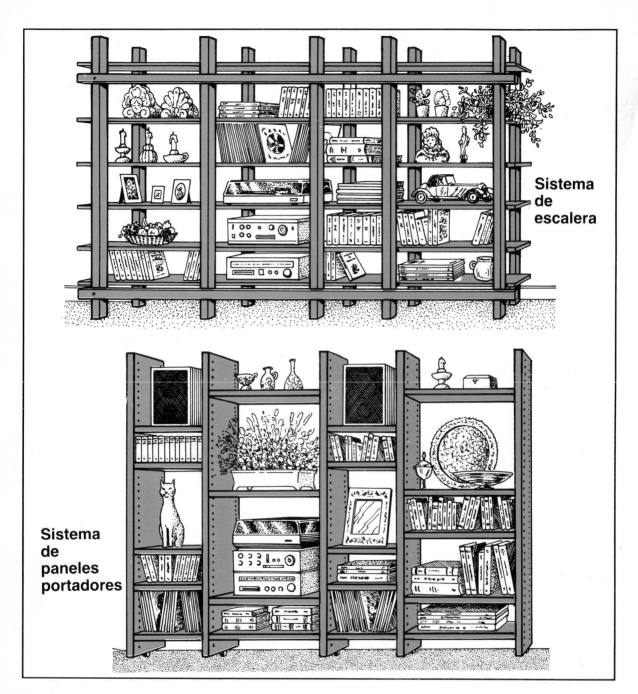

Sistema
de
escalera

Sistema
de
paneles
portadores

Elementos portadores
sujetados contra la pared por tacos y tornillos

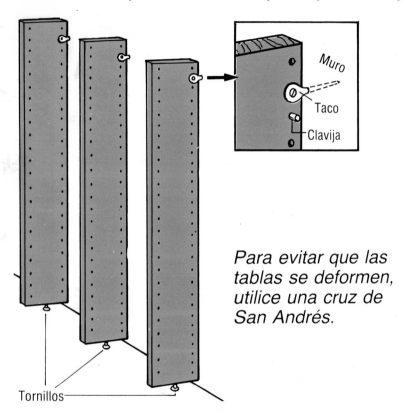

Muro

Taco

Clavija

Tornillos

Para evitar que las tablas se deformen, utilice una cruz de San Andrés.

La solución más práctica será la de elevar los portadores hasta el techo y fijarlos por unos tornillos. Es posible igualmente unir los portadores a la pared, por ejemplo con escuadras.

Para evitar que los portadores se deformen con el tiempo, puede fijar del lado de la pared una cruz de San Andrés, una X si prefiere. Es posible igualmente evitar el movimiento de los portadores atornillando o clavando sobre las varillas una superficie de fondo en aglomerado.

Después de asegurarse de la rectitud de los portadores, realice en ellos agujeros cada 10 cm más o menos. Dichos agujeros

Esta solución permite una gran flexibilidad de utilización.

servirán para soportar los tacos de madera o de metal sobre los que descansarán más tarde los tableros, cajones, estantes, que usted deseará.

Las dimensiones de las estanterías dependen de lo que disponga sobre cada balda. Un juego de dimensiones diferentes será más estético y permitirá cargar las estanterías con objetos variados: libros, adornos, televisor, etc.

El espesor de las baldas variará según su destino... Piense en el peso de un televisor.

Siempre desde el punto de vista estético, puede ser interesante disponer de estanterías a la altura del dorso de los asientos o del canapé adosado al mueble o colocado cerca.

B) Elementos de compartimentos modulares apilables

Tomando como base un cubo de 30 cm de lado, puede usted conseguir la creación de un espacio para colocación tan variada, como original...

Es el principio del juego de los cubos. El punto de partida es un módulo, es decir, un cubo de una dimensión determinada que se va a multiplicar o a dividir.

Tomemos por ejemplo un cubo de 30 cm de lado, o sea el módulo internacional de construcción.

Construya cubos de madera de cinco caras, dejando la última cara abierta, o, si lo prefiere, cerrándola con una puertecita o dividiendo la fachada en varios cajoncitos. La fachada será siempre cuadrada (30 cm × 30 cm), pero la profundidad del módulo puede variar según las necesidades.

Ya no le queda más que apilar los módulos según su gusto. No es necesario constituir una forma cuadrada o rectangular montando los cubos uno sobre otro. Deje hablar su imaginación y forme peldaños, «L», pirámides, etc.

Ese sistema presenta la ventaja de que puede ser realizado por cualquiera. Para comenzar, haga un croquis de su futura realización y pida al comerciante donde compra la madera que le corte los paneles según las dimensiones deseadas. No le quedará más que clavarlos.

Sin embargo, antes de cortarlos tenga en cuenta el espesor de la madera. Los paneles laterales, por ejemplo, deberán ser sensiblemente mayores que los de arriba y abajo, si tienen que cubrirlos en el momento de ser clavados. Ocurre otro tanto con el fondo, que, por otro lado, podrá ser de menor espesor (alistonado, aglomerado, contrachapado).

Los cubos podrán ser entonces tratados según su gusto: dejados al natural, barnizados sin color o fondo oscuro, pintados...

Un juego de lacas de colores diversos puede dar un aspecto alegre y original...

El único inconveniente de ese tipo de construcción puede proceder de una falta de estabilidad para los módulos superiores, si

... Para ello, basta jugar con la pila de cubos, creando muebles que recuerden sus formas cúbicas o, variando su profundidad.

su contenido hace poca presión. El cubo puede entonces caerse bajo el menor empujón. Para dar remedio a ese problema, le bastará con taladrar los módulos colocados uno encima de otro y unirlos gracias a pequeños tacos fuertemente presionados.

Para ello, procúrese una varilla de madera o de metal de sección redonda, con un diámetro de un milímetro superior al del agujero que ha realizado en los cubos. Recorte la varilla en pequeños trozos o tacos ligeramente más grandes que la suma de los dos espesores que debe atravesar. Hunda entonces los tacos con el martillo.

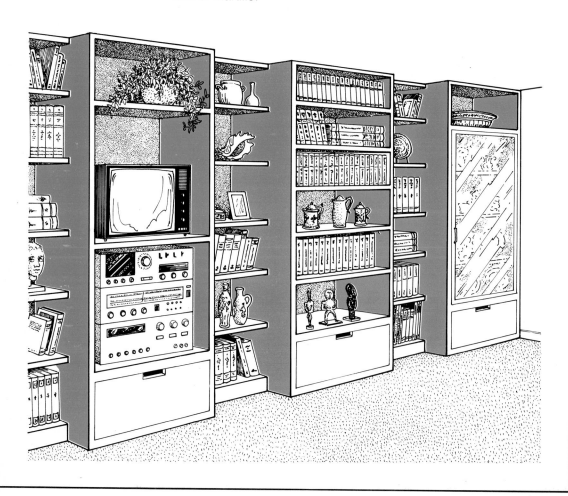

C) Elementos completos para yuxtaponer

Se impone esta solución para los que tienen la intención de construir poco a poco sus armarios.

Dicho sistema consiste en fabricar y unir progresivamente tramos verticales del conjunto previsto inicialmente.

Para ello puede utilizarse un sistema modular reproduciendo, de un volumen a otro, las mismas dimensiones, o, por ejemplo, yuxtaponer elementos acondicionados de forma diferente: estanterías en una columna y cajones en la otra, etc.

La profundidad de esas columnas puede no ser siempre idéntica. Ese juego de fachadas en forma de almena romperá la monotonía de un conjunto demasiado regular.

Puede que sea necesario unir los elementos con el fin de asegurar mejor estabilidad, como igualmente la de fijar a la pared o al techo algunos de ellos.

Igualmente, puede resultar armonioso pintar de diferentes colores los diversos elementos. Elija dos colores complementarios si el mueble se destina a sala de estar; no dude en emplear los tonos más vivos si piensa instalarlo en una habitación de niños.

Un juego de elementos de vitrinas —con cajones— con baldas, según las necesidades, romperá la monotonía de la repetición.

D) Elementos completos para superponer

Este sistema es más clásico de lo que parece. Se asemeja al mueble-bar antiguo o a la biblioteca corriente, gracias a su cuerpo superior estrecho colocado sobre una parte inferior más ancha, y ello sobre todo si la parte superior está provista de puertas o con vitrinas.

La construcción de esos elementos es fácil. Siga el mismo procedimiento que para los armarios roperos, cuidando de construir los dos elementos según las mismas dimensiones, de tal forma que se superpongan perfectamente.

Esta solución presenta la ventaja de ofrecer una gran estabilidad, sin que sea necesario tener que recurrir a un sistema de fijación a la pared o al techo. La propia función de ese mueble hará que coloque usted los objetos pesados (vajilla, etc.), en la parte inferior, dejando la parte superior para un papel más decorativo que utilitario.

Elementos completos para superponer

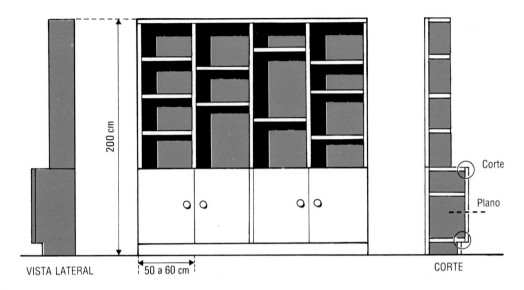

VISTA LATERAL | 50 a 60 cm | 200 cm | CORTE | Corte | Plano

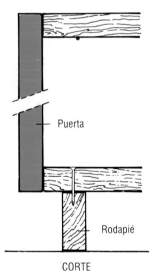

Puerta

Rodapié

CORTE

Las dos partes del mueble se construyen de forma separada y luego se unen.
La profundidad de las estanterías de la parte superior depende de los objetos que tiene la intención de colocar ahí...

La altura del elemento inferior será comprendida entre 30 y 80 cm y no superará la altura de una mesa.

E) Elementos y estanterías soportados por la pared

Solución agradable para habitaciones no demasiado grandes, las estanterías y los volúmenes pueden ser fácilmente desplazados o modificados.

Con el fin de evitar tener que superponer las diferentes cargas, puede adoptar la solución de hacerlas soportar por la pared. La condición indispensable para la adopción de ese sistema es, por supuesto, la de elegir una pared suficientemente resistente como para soportar los diferentes elementos. Si la pared no es lo suficientemente sólida, pronto verá que se abre y deja de sujetar, provocando una pequeña catástrofe... Por el contrario, una pared de cemento será particularmente apta para ese sistema, incluso si no es fácil taladrar ahí unos agujeros.

Fije en la pared unos soportes de escuadra verticales, más o menos cerca unos de otros. En el comercio encontrará varios modelos, con sistemas de agarre variables.

Cuide particularmente la fijación de esos soportes. Utilice tornillos y tacos y piense en acercar los puntos de fijación en la parte alta, pues es la que más fuerza ejerce.

Si sus paredes son demasiado delgadas, le queda la solución de reforzar la pared inicial por un panel que cubra toda la superficie y que fijará usted con cuñas.

Si la pared es fría, podrá, gracias a ese sistema, introducir un aislante térmico (poliestireno expandido) en el espacio acondicionado por las cuñas. Como panel, elija una madera lo suficientemente resistente como para soportar posteriormente las estanterías que va a colocar. Sea cual fuere el material elegido (aglomerado, alistonado, contrachapado), la terminación será la que desea: barniz, pintura, etc.

Atención a los estratificados: es más difícil taladrar ahí un agujero y más difícil ocultarlo si cambia la disposición de sus estanterías.

Antes de colocar la pared, puede ser útil colocar detrás del panel, entre las cuñas, un cable eléctrico que alimentará más tarde sus bombillas de las estanterías, su televisor, aparatos de alta fidelidad...

Ya no le quedará más entonces que fijar las baldas de las estanterías con escuadras. Esta solución presenta la ventaja de ser

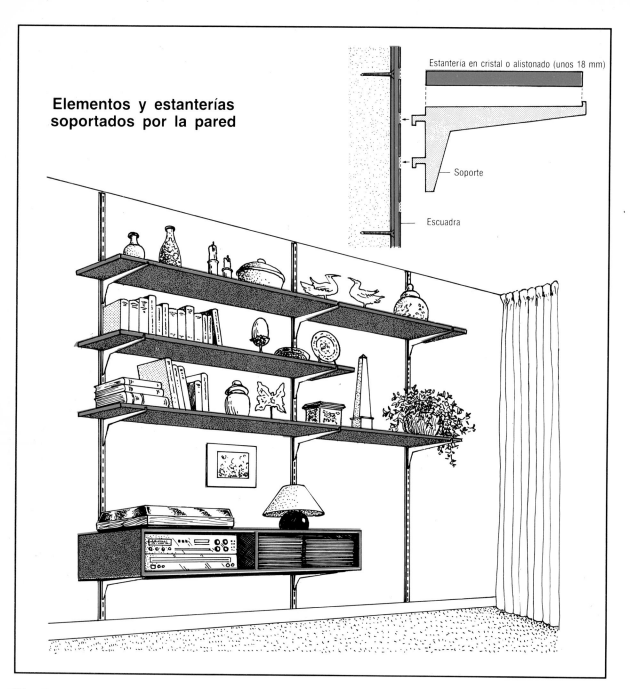

Elementos y estanterías soportados por la pared

Estantería en cristal o alistonado (unos 18 mm)

Soporte

Escuadra

sencilla a nivel estético. Se adaptará mejor a las habitaciones pequeñas, a las que no agobiarán con un volumen demasiado importante.

Otra ventaja reside en el hecho de que ese sistema puede modificarse fácilmente según las necesidades, destornillando los soportes y ocultando los agujeros hechos por los tornillos con algún tipo de pasta.

COLOCACIONES DIVERSAS

A) Colocaciones asociadas a la cama

La alcoba: un espacio complementario funcional e inesperado.

Es posible enmarcar una cama o un sofá gracias a una serie de armarios o estanterías. Si el espacio de colocación es tan grande como la cama, eso equivale a hacer una alcoba. Conseguirá crear, según el espacio de que disponga, un guardarropa o un gran armario ropero doble. Todos los espacios utilizados para la colocación deberán ser acondicionados: será posible instalar un falso techo en la parte alta y colocar bajo la cama casillas o cajones montados sobre ruedas (suelo liso) o sobre patines (moqueta). El fondo de la alcoba podrá estar acondicionado por pequeños nichos en los que colocará una lámpara y libros de cabecera, un despertador, un aparato de radio, pequeños altavoces, etc.

Las paredes de la alcoba podrán estar lacadas, cubiertas con tejido o papel pintado y posters.

Además de la lámpara de cabecera, puede pensar en instalar una iluminación de media potencia en el techo.

Como último toque en su realización: puede cerrar la alcoba con una cortina o —lo que será quizás menos clásico— instalar una cortina que cubra enteramente el panel, disimulando así la existencia de una cama en el cuarto.

Esta solución puede ser interesante para los cuartos de uso doble: estudios, dormitorio de niño, cuartos de invitados, etc.

La cortina clásica podrá ser finalmente reemplazada por otro sistema: panel corredizo, hojas de madera, panel de tela, etc. Pa-

Cama en la alcoba

Biblioteca e iluminación

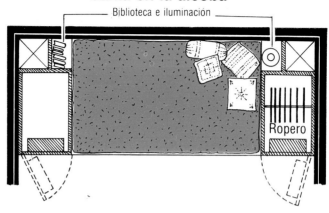

Ropero

Este conjunto puede ser cerrado por una cortina o, una solución quizás más moderna, por cortinones corredizos.

ra un dormitorio de niño, es posible exagerar el espacio para colocar objetos situados bajo la cama.

Construya una gran entibación de uno o dos metros de alto en aglomerado muy grueso. Se tratará de un verdadero armario complementario sobre el que se colocará el colchón. Esta solución presenta la doble ventaja de ofrecer un amplio espacio para colocar objetos a la vez que hace que la cama sea invisible, lo que libera a la madre de la preocupación de saber si su hijo hace bien la cama cada mañana...

La solución ilustrada por nuestro croquis permite integrar el rincón de comedor con el rincón de salón. No obstante, el entarimado puede estar más elevado, cuando se coloca la cama por encima del nivel de la vista (unos 2 m). Será entonces posible acondicionar armarios en el rincón de salón, accesible por una pequeña escalera unida al mueble.

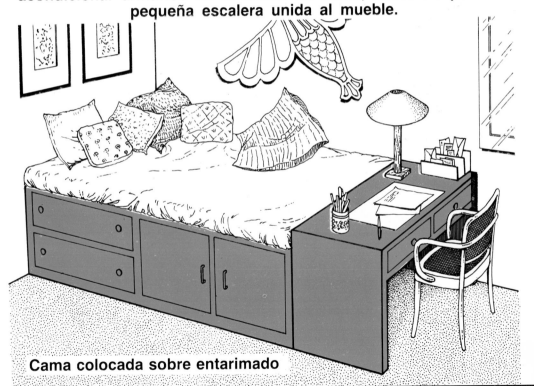

Cama colocada sobre entarimado

La cama podium.

La cama puede ser colocada de diversas maneras:

1) **Sobre el podium (aquí en lugar de la alfombra que delimita un rincón de salón).**

2) **Integrada en el podium, con el colchón colocado sobre un entarimado por debajo. Ojo: si adopta este último sistema, piense en acondicionar alrededor del colchón el espacio necesario para sábanas y mantas.**

3) **Bajo el podium, gracias a un sistema de patines y ruedas.**

4) **En una combinación de ambos sistemas, lo que permite disponer de una cama suplementaria.**

El tercer acondicionamiento original del rincón de cama se ofrecerá gracias a la solución de la cama podium.

Esta solución presenta las ventajas de la alcoba sin dar la impresión de claustrofobia. Sobre el podium, es posible acondicionar múltiples espacios e instalar en particular los aparatos de audición, una pequeña biblioteca, un mini-bar, etc.

La cama podium: una solución original con múltiples posibilidades.

El podium será construido en aglomerado grueso, fijado sobre un armazón de entramado. Por encima se harán unos huecos cerrados por paneles con charnelas que se abren hacia arriba (prever unas dimensiones medias de 60 × 60). Como para el resto de las soluciones ya presentadas, se colocarán por los lados unos cajones montados sobre ruedas o sobre patines.

El armazón del podium deberá tener en cuenta todos los objetos que se integrarán: aparato de discos o de casetes, magnetófonos, libros... Una vez montado, cubra el podium de moqueta con el fin de darle un aspecto cálido. Por supuesto, utilice preferentemente la misma moqueta que la que cubre su suelo.

A falta de moqueta, puede cubrirse el podium con una alfombra, pero esta solución planteará dificultades para el ordenamiento de los paneles que se abren.

❷

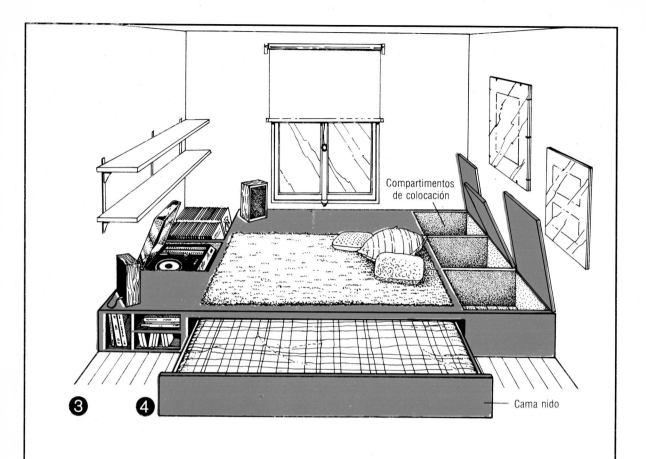

Compartimentos de colocación

Cama nido

❸ ❹

Un espacio reconstruido en el que la cama puede desaparecer.

Una vez terminado el podium, no le queda más que instalar el colchón encima, al menos que haya preferido integrarlo en su construcción, de manera que la superficie de la cama no supere el nivel del mueble. Esa original solución ampliará su cuarto haciendo olvidar la presencia de la cama.

Si le queda un espacio libre encima del podium, ¿por qué no instalar un acondicionamiento para plantas, sobre todo si la cama está cerca de la ventana? Prevea simplemente la colocación bajo las plantas de un plato de plástico accesible que recoja el sobrante de agua cuando se riega...

B) Colocación del equipo de alta fidelidad

Para un acceso fácil al equipo de alta fidelidad.

El mueble complementario para el equipo de alta fidelidad puede integrarse en los diversos muebles descritos anteriormente. No obstante, puede perfectamente separarse y construir un mueble aparte colocado en el centro de la habitación o sala de estar, en forma de una mesa baja y múltiples compartimentos de colocación.

El mueble, de forma cuadrada, está compuesto por elementos modulares de dimensiones suficientes como para poder alojar un tocadiscos o un amplificador. La mesa estará, pues, compuesta por nueve cuadrados que pueden tener diversos tipos de colocación.

El cuadrado central puede desempeñar un papel decorativo, como en nuestro croquis, donde está acondicionado en forma de jardinera. Cuatro cuadrados se ordenarán en nichos en los que colocará usted sus discos o un pequeño mueble-bar y los cuatro módulos restantes servirán de mesitas, ya que su espacio de colocación es accesible de forma lateral.

Yuxtaposición baja de elementos modulares.

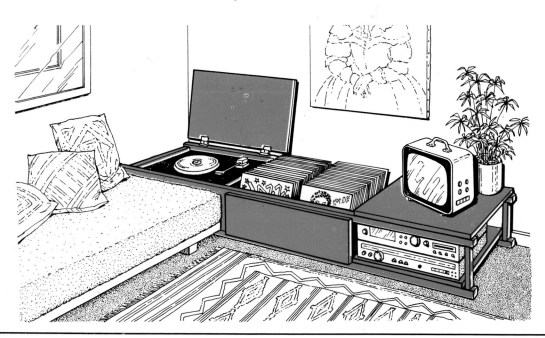

Dos ejemplos de muebles de colocación para un equipo de alta fidelidad:

Sistemas de módulos de forma horizontal

Es mejor no integrar los altavoces en este conjunto. Para una mejor audición, dispóngalos de cada lado de la habitación, alargando los cables que los unen al amplificador bajo la alfombra.

Mueble cuadrado con un equipo de alta fidelidad y mueble bar

Protección de los cables por placa plástica o metálica que se cubrirán con una alfombra o debajo de la moqueta.

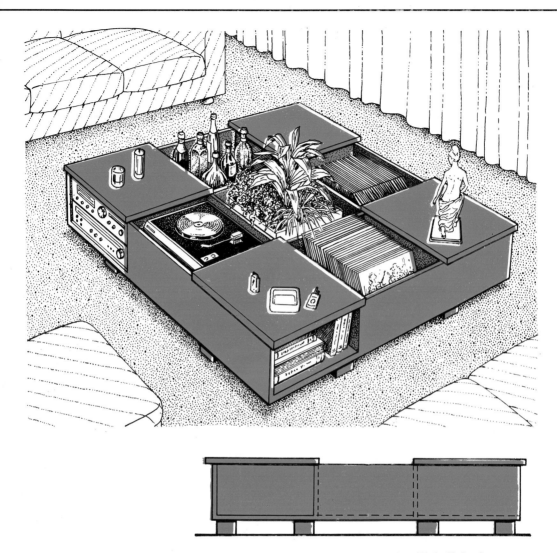

Mesa de ordenamiento para el equipo de alta fidelidad.

**Las baldas pueden situarse en los cuatro rincones, como lo vemos en nuestro croquis, o, por el contrario, en el centro del mueble, en forma de cruz.
Las esquinas se ordenarán en nichos complementarios.**

DE LOS GUSTOS Y LOS COLORES

Un armario debe ser funcional. Ese tipo de muebles es generalmente bastante voluminoso y atrae la atención en un cuarto. A menudo, es preferible acondicionarlo de la manera menos visible posible.

Una primera solución consistiría en decorarlo de la misma manera que las paredes. Si están cubiertas de tela o papel pintado, puede perfectamente cubrir su armario, pintando el armazón, los cajones, los rodapiés o las cornisas con uno de los tonos del papel. Si opta por un revestimiento de madera, evite los colores demasiado oscuros, por miedo a hacer pesada la atmósfera de la habitación.

Las lacas, con su brillantez y la extensa gama de sus tonos, ofrecen soluciones que tienen la propiedad de mezclarse con todos los estilos.

Por el contrario, los muebles que se colocan contra la pared son generalmente más ligeros. Le será más fácil integrar el nuevo mueble en el ambiente de su habitación, en función de su estilo y sus gustos personales. Los tonos neutros, el blanco, los pasteles o el pino natural, se adaptan fácilmente a cualquier decoración. Las notas de colores serán dadas por los objetos expuestos, libros, plantas, etc. Si su mueble va a estar muy cargado, será sin duda mejor optar por esa primera solución. Si no, colores más oscuros serán igualmente más alegres, sobre todo si la pared contra la que se apoya la estantería permanece visible entre sus diferentes baldas.

Los módulos que se apilan ofrecen, como hemos dicho, múltiples posibilidades y gran libertad de ordenación. Después de encontrar la forma definitiva del conjunto, le será posible pintar los módulos de un color uniforme, o por el contrario, de varios colores sobresalientes.

Si no está seguro de sí mismo, haga pruebas antes de pintar o colocar papel pintado. Para ello utilice una gran hoja de papel del color elegido y colóquela en el lugar de su nuevo mueble. Podrá de esa forma ver el efecto obtenido y rectificar en caso de que no sea de su agrado.

Todo ello es asunto de personalidad. No tenga miedo de afirmar la suya, será usted, después de todo, el primero en beneficiarse del resultado.

SUMARIO

SUMARIO